JN156873

den

Kikuko's gar

キクコさんのつぶやき

83歳の私がツイッターで伝えたいこと

溝井喜久子

はじめに

私がツイッターを始めたきっかけは、友人が所属している団体のイベントを告知しようとしたことでした。が、そこで初めてわかったことが、フォロワーがいないことには誰からも知られず、誰からも読まれないということでした。

というわけで、イベント告知の役は果たせませんでした。

でも、そこから私自身の日々の生活や、それまでの経験などをつぶやく方向へとなったのです。中でも、戦時中や敗戦直後の話などが関心を呼び、三ケ月で五千人のフォロワーができるにいたりました。

そこで、電通からシニアアドバイザーの要請があり、それを二年間務めました。その関係から、多くのビジネス誌に取り上げていただきました。すると、それがまたフォロワー増につながりました。そしてその後、婦人雑誌や週刊誌等に取り上げられることになり、さらにウエブ記事に、テレビにと広がっていったのです。

今でも各メディアから取材の申し込みがあり、フォロワーも常時八万五千人から九万人の間で推移しています。おかげさまで。

このたび、私としては二冊目の著書を出すにあたり、おもなツイートを軸に、それに関してさらに詳しく語らせていただく形をとりました。

おもなツイート、その核になっているのは〝義憤〟です。

義憤とは、時代の変化についていこうとせず、古めかしい因習や考え方に拘って我を通し続け、見栄や体裁のために若い世代にいらぬ負担をかける年寄りたちに対してです。

私自身が八十歳を越えた年寄りだからこそ、言えるのです。

年寄りたちよ、ちゃんとしなさい、と。

大変な世の中でがんばっている若い人たちの、重荷になってはいけませんと。

この本には、そんな思いを中心に、私から今の世の中に対するメッセージをこめたつもりです。

どうぞ、おつきあいください。

目次

はじめに……6

第一章　年寄りを敬えなんて冗談じゃありません……21

「お年寄りを敬いましょう、にはほんとに違和感を感じる。いるだけで周りの人は気を遣うもの。年寄りこそ周りの人に感謝の念を持つべきものと思う。そこまで生きてこられたことにも」……22

「タチの悪い姑、基本、頭が悪い。性格が悪い。その他悪いものがいっぱい。いい姑になるわけない条件が揃っている」……26

「若い人を悩ます舅や姑には、品性の下劣さを感じる」……32

「駄目女は女の敵」……38

「どういう言葉を使うかに、その人の考えを読み取ることができる。嫁をもらう。これはもらったらこっちのもの。こっちの家のもの。我々に従ってもらう。我々の世話や介護をしてもらう。つもりなのです」

……42

「インターネットはもはやなくてはならない。使わずにことが済まないもの。この先ますます必要性が増す。だから高齢者には無理などと言っていられない。高齢者はできなくても…などと言っていられなくなる時代がすぐ目の前に迫ってきているような気がする。ネット利用することでかなりのことが解決できることになると思う」……48

「子供を自立させるまでが親の務め。その後は自分の老後を考えて準

備する期間」……54
「人に自分の世話をさせることは、人の時間を奪うことです」……58
ツイート・アラカルト〈1〉……62

第二章　それが世の中の真理っていうものです……67
「そもそも、人のことはどうでもよいもの。自分のことを考えればよいのです。自分が見えない人が他人のことを四の五の言う」……68
「今はセックスレスの夫婦が多いというが、要は体力と気持ちの在り方なのではないかと思う」……70
「無知と吝（ケチ）が結び合ったら箸にも棒にもかからない」……74
「私は子供のころから色々感じて、こうはなりたくないということを

強く感じて、そうならないように努力してきました。その結果が今の在り方になっています」……76

「男性は肩書がないと動けないのだとか。女性は何の肩書もなく生きるのに慣れているのですね」……82

「世間知らずなのに自分の考えを押し付ける人はきらいです。世間知らずそのものは別に何とも思いません。私もそうですから」……86

「賢い女は理屈など言わない。うまーく自分を生かすものです。無駄をしたくないから」……90

「苦労は身のためになるとか、いつか報われると言う人がいるが、苦労の中身が問題なのです。苦労などしないほうがいい。自分の心身をこわしたりします。他人に向かって無責任に言う人がいますから気を

付けましょう。そういう人に出会ったら言いましょう。そうですね、貴方からどうぞと」……96
「ものを学んでいない人には何事も難しく感じられるもの。あれも難しい、これも難しいと言う人、問題が難しいのではなく、自分には難しいのだと気づいてほしい」……102
ツイート・アラカルト〈2〉……106
第三章　日々思うこと、感じること。……113
「私は義憤が強いです」……114
「気分と元気、かなり関係がある。お箸一つ、お茶碗一つでも変えてみると、気分が変わる。無駄と思えばそれまで。趣味と思えばまたち

がう。平凡な暮らしの中、少しの変化が元気を誘う。趣味なんて、稽古事ばかりではないのです」……118

「私の孫は小学生です。だから私のことをそんなに記憶に留めないと思いますが、後々父方祖母はかなり高齢になっても一人で暮らしていたことくらいは記憶に残るであろう。それだけでよいのです。私の生き方を知ってくれれば」……122

「他人の不倫などを騒ぎたてないことは、それを容認していることではない。人のことなど関わる気がないだけ」……128

「長男が転勤で遠くに行き、その地で所帯を持った時、私が九十歳まで自力で暮らせれば、息子も六十歳過ぎて時間もできるのではと考えた。だが私も考えなおさねば…いや案外もっと生きてしまうかも…」

……132
「私には息子が二人いる。その配偶者に望むことは、息子をよろしくということだけ。最後まで連れ添ってやってください、という想いだけです」……136
「女性は神経が図太い面がある。だから子育てできるということがある。子供の泣き声が嫌であったら子育てできず殺してしまうかもしれない。子供の泣き声がうるさいと、泣かすな、と言うそこのあなた、お母さんがそういう人でなかったから、今生きていられるのです。女性が図太い神経を持っているからこそ子育てできるのです。そういう女性を、神経が細やかでないと批判するそこのあなた、女性が神経細

やか過ぎたら、皆育児ノイローゼになりかねないのです」……140
「政党政治は本当に嫁姑問題に似てますよね。一番如何ともしがたい分野かも」……144
「親のおかげでホップ、ステップできて、夫のおかげでジャンプできるんです」……148
「〝無理しないダイエット〟というけど、間食はダメという時点でもうだめ、無理！」……152
「今から三十数年前、サマージャンボで三百万円当てたことがある。その少し前に野良猫が迷い込んできて、私の家のベランダに住み着いた。もうとうにいなくなったのだが、あれは招き猫だったのかもなどと思ったりする、勝手に。また迷い猫が来ないかなぞと思う」……154

「私が一人で死んでいても、孤独死ではけっしてありません。宣言しておきます。大往生と言ってほしいくらいです」……160
ツイート・アラカルト〈3〉……162

第四章　一問一答……165

問い1／溝井さんが憧れる女性像みたいなものってあったんですか？……166
問い2／「女子会」の話題を教えてください。……169
問い3／アカウントの@kikutomatuの由来について教えてください。……173

問い４／少女時代はどういう本を読まれましたか？……175
問い５／映画もお好きだったそうで？……179
問い６／たくさんのタブレットをお持ちですが、どう使い分けていますか？……181
問い７／小さいころはどんな子供でしたか？……183
問い８／これだけたくさんのフォロワーがいて知名度が上がると、いいことばかりでもないと思いますが。……185
おわりに……188

第一章

年寄りを敬えなんて冗談じゃありません

「お年寄りを敬いましょう、
にはほんとに違和感を感じる。
いるだけで周りの人は気を遣うもの。年寄りこそ周りの人に感謝の念を持つべきものと思う。
そこまで生きてこられたことにも」

私の親の前の世代だと年をとったってお金が入る制度がないのね。そうして体悪くて今みたいに元気じゃなくて、栄養も悪いから病気しがちで貧しくて。惨めな状態だったのね、お年寄りが。だから「お年寄りを大事にしましょう、世話しましょう」だったのよ。

ところが、今みんな元気になったのにその考えだけが続いてて、左うちわで威張るようになっちゃったのね。年金もらう状態ですし、体もけっこう元気なのに息子の連れ合いに面倒見させて左うちわするようになっちゃったのね。どっかが狂ってきた。本来、お金もない、面倒見ましょうねってはずだったのが、ただ自分たちで暮らしていける人までも、若い人たちに世話されて当たり前みたいに思い込むようになっちゃったのね。

最近よくキレるお年寄りっていうけど、キレて怒るのは元気なわけじゃないですか。世話されなきゃいけないっていうのはもっと弱々しい人ですよ。そんな元気な人、若い人に世話されなくていいのよね。それが威張っちゃって席譲れとかなっちゃってるんでしょ。そんなの私から言わせたらね、それほど元気な人が席譲ってもらうことはないし、席譲ってもらわなきゃなんなくなったら家にいろって、そういうことですよ。

「タチの悪い姑、基本、頭が悪い。性格が悪い。その他悪いものがいっぱい。いい姑になるわけない条件が揃っている」

基本は無知。性格も悪いし、育ちが悪いってことね、言ってみれば。

意地悪することで生きがいを感じるようになっちゃうのね。人間、家族をタテ関係のものと感じて、姑は嫁より偉いって感じで見ちゃうから。しかも世間知らずで無知でおまけにケチときたらどうしようもない人になっちゃう。そういうの相手にするお嫁さん、大変なのよね。家の中で舅、姑の立場だから当然上から目線。息子は跡取りだし、先々自分たちの世話をしてくれるから大切。本当はお嫁さんにしてもらうんだけどね。嫁っていうのは他所から来た他人で家の中での位は最下位なわけね。すっかりいいようにこき使われるようになっちゃうのね。

それから、田舎に自分たちが住んでいて、息子が都会に出ていくと、盆とか正月に家に来させる。それが隣り近所への自慢になるのね。息子だとか娘の家族が孫連れてきたのよとか。そうすると、来ないって人は肩身が狭くなっちゃうのね。それを見てくだらない優越感覚えて。

そういう不毛な自慢し合いのために無理やり来させられて、やんなっちゃう人がいるわけよね、娘にしても。仕事が忙しくて休みの日くらいゆっくりね、休みたいのにお土産持って遠い親のところまで行かなきゃいけないのがヤダって人、けっこう多いのよね。でも、行かないとなると、あそこの家誰も来ないけど可哀想って思われちゃうのが嫌なのね。

うちは来てるのよ、孫連れて来てるの。忙しいのに大変だから無理して来なくていいって言ってるのに、ねえ…って、しらじらしく。自分が絶対来いって言ってるくせに。すると、それを聞かされた他の家も、うちだけ来なかったら、何て言われることかって戦々恐々となって、自分の息子、娘にも絶対に帰ってこいって言いつける。もうね、悪循環ですよ。

年寄りのエゴのために子供に迷惑かけるなって話ですよ、まったく。

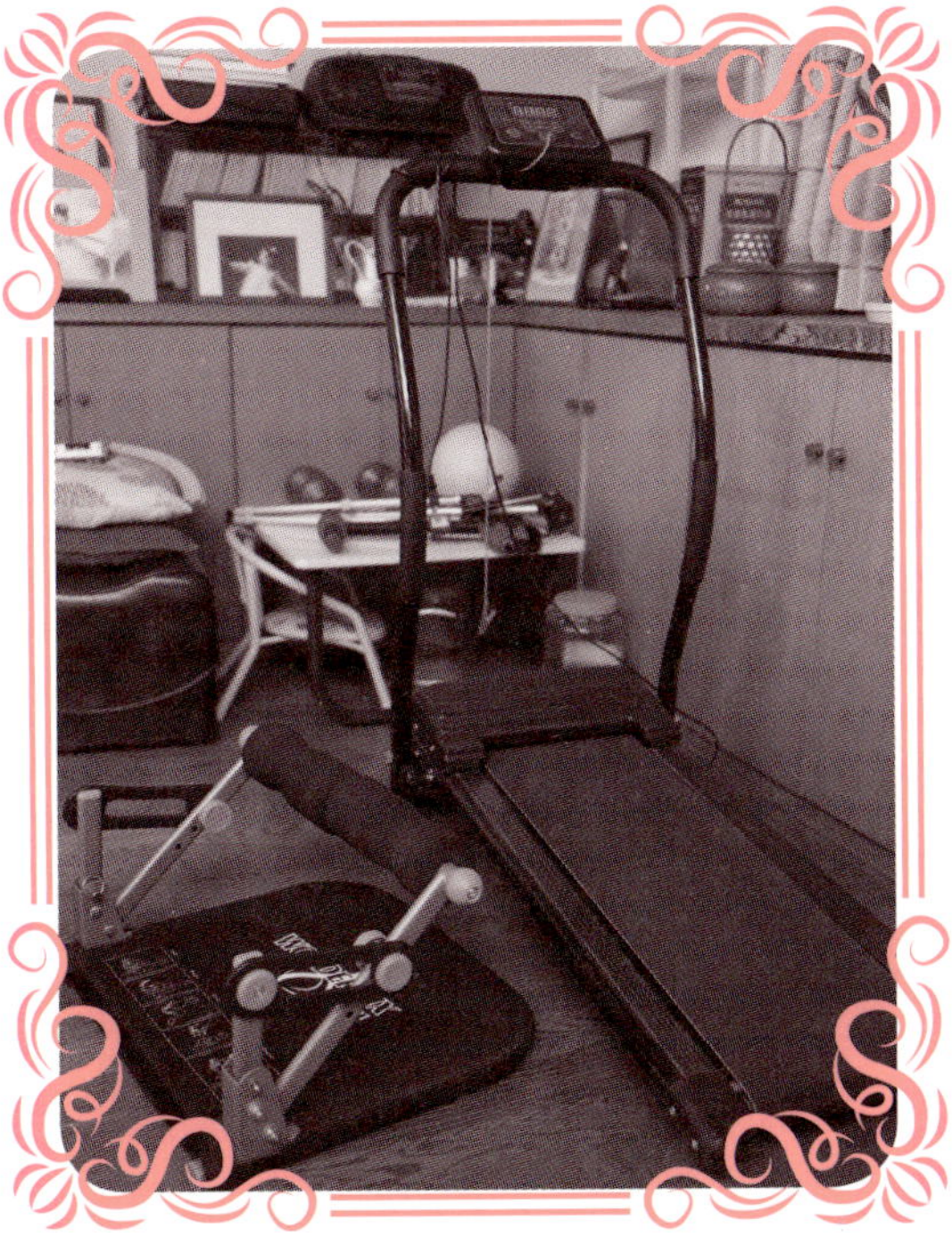

「愛用の健康器具。暇を見つけて使おうと
思ってるんだけど、最近ちょっとご無沙汰かも？」

「若い人を悩ます舅や姑には、
品性の下劣さを感じる」

まともな姑っていうのは、気を遣うものなのです。だから姑のほうが子供家族との同居を好まないのです。

気を遣わない姑、舅というのはその辺がわからないのが多い。

それから同居したがる姑は要注意です。だいたい身勝手が多いですから。

私の友達なんか、みんな一人で暮らしてます。ご主人と暮らしても息子たちとは別々で。で、ご主人が亡くなって私みたいな人は一人。みんなそうです。

というのは、息子のお嫁さんは他人でしょ？　他人に気を遣うのって本当に大変。この歳になって気を遣いたくないってなるわけ。だから一緒に住みたくないと。

ところがね、気を遣わない人っていうのは、お嫁さんとかを自分のいいようにこき使いたいものだから一緒に住みたがるのね。世の中、社会を見てても気を遣えるような人は一緒に住まないです。自分たち夫婦単位か、その後に旦那が亡くなったら奥さんが一人で。

ところがそうじゃない人は、息子夫婦なんていうものは自分たちの面倒を見て当然と思って、平気な顔して一緒に住んでこき使っているという有り様。まあ、中には悪意のない人もいるようなんですけどね。

私のお茶の仲間で、ご主人が四十くらいで亡くなっちゃって、その後も義両親と住んでいて、そしたら義両親が養子縁組してくれたって。自分たちの資産をお嫁さんにもいくようにしてくれた人がいるんですよ。

物事のわかった人ってそれしますよね。

そうするような人は、他の色んなところでも気を遣う。ところが何もしない人は本当に何もしない。それも悪気があってのことじゃない。

要するに、単なる無知なんですよね。

無知だから、その後どうなるかなんてことに思いが及ばない。

だから、相手のことを考えてやるなんてことにとんと考えがいたらないわけ。

自分は世話されて当然って思ってるけど。

無知そのものが悪いわけじゃないけど、無知であることは悪いほうに作用しちゃう。自分よりも周りの人たちをひどい目にあわせちゃうのよね。
それも含めて、結局自分の責任なんだけどね。

「駄目女は女の敵」

女はこうあるべきという遅れた考えを刷り込まれた女こそ本当の女の敵。

男（親）から「女はこうあるべき」と言って育てられた女は、どうしても男側に立ってものを言うようになってしまう。根が深いんですよねえ。親も本当にそれが子の幸せのためだと思ってるから困っちゃう。

よく聞く「男に媚びを売るような女が女の敵」といったような狭い次元ではない。女同士のいがみ合いや足の引っ張り合いといったものとはわけがちがう。

親や祖父母からしたら、男側に立っている女の子こそ優等生で、できのよい子ということになる。

ウーマンリブを男の側から批判するのならまだわかるが、古くて狭い視点で女のほうが批判してしまうような現象が起こってしまう。

「冷凍庫の中。たくさん作った料理の具材なんかを、
いつでも使いやすいように小分けにして保存してます」

「どういう言葉を使うかに、その人の考えを読み取ることができる。嫁をもらう。これはもらったらこっちのもの。こっちの家のもの。我々に従ってもらう。我々の世話や介護をしてもらう。つもりなのです」

もう自分の家の所有物だと思っちゃうわけね。

何せ世の中には、お嫁さんが自分の実家に行くことすら禁じちゃうような家もあるみたいなんですよね。いい顔しないぐらいならまだしも、年一～二回の里帰りしか認めない、みたいな。

いくら嫁いだっていったって、自分の親のところに行くのまでそうやって制限するのって、いくらなんでもおかしいですよね。

これってもう、待遇としては家族じゃなくて、もはや使用人レベルですよね、勝手によそ行っちゃいけないんだから。他の身内には絶対にそんなこと言わないでしょ？　どこ行ったって自由なわけでしょ。

しかも、舅や姑が嫁にそういう仕打ちをするのみならず、夫である息子がそのことを何とも思わないっていうのが、すっごく狂っちゃってるのよ。根が深いっていうか。そういう息子にしてみたら、家の中で一番大事なのは自分の親であると。その次は自分。その次は子供で、奥さんなんていうのは、もう奴隷みたいな感覚になっちゃうのよね。

でも、いくら大事にしていても、いずれ親も老いて病気になっちゃいますよね。そしたら、その配偶者も世話なんてできないわけだから、結局、息子のお嫁さんにさせるのが当たり前になって、代々そうなっていっちゃう。

特に田舎のほうがそういう傾向にあるような気がしますね。

とにかく、今これから結婚を考えてる女性は、将来、舅や姑になる相手の言葉一つにも気を配ったほうがいいと思います。どれだけ外面よく繕っていても、ふとした時に言葉の端々にホンネのようなものが見え隠れするものだから。

そういえば、この間、私のツイッターでも、先々姑になる相手が自分のことを人に紹介する時、「私たちが将来、世話になる方」って言われたっていうのがありましたね。いや、そんなつもりないけどって（笑）。

「毎日立っている台所です。きれいに片付いてるでしょ？」

「インターネットはもはやなくてはならない。使わずにことが済まないもの。この先ますます必要性が増す。だから高齢者には無理などと言っていられない。高齢者はできなくても…などと言っていられなくなる時代がすぐ目の前に迫ってきているような気がする。ネット利用することでかなりのことが解決できることになると思う」

デイケアとかあるじゃないですか。そういうところって指遊びみたいなことをお年寄りにやらせてますが、そんな幼稚園児みたいなことさせないで、パソコン教室とかやるといいと思うんですよ。

まあ女の人はまだしも、男の人でね、現役時代はけっこう偉かったような人たちがね、そんなお遊戯みたいなことさせられたら、ほんと嫌になっちゃうものね。私の高校時代の同級生のダンナ様が今八十八か八十九なんですけど、嫌がるっていうのね、そんな幼稚園児みたいなことさせられちゃってね。そんなのより、今これからの人生で役立つようなことを教えてもらったほうがいいですよね。

なんか認知症っぽくなっちゃったら、幼稚園児っぽくお遊戯みたいのさせたほうがいいだろ、っていうことなんでしょうけど、そっちのほうが頭もよくなるんじゃないでしょうかね。むしろ、ふつうの状態のほうが、私難しいから嫌だとか言いそうで、逆に認知症ぽくなった人のほうがやるかもね。私はダメとかそんなふうな感覚がなくなって。ストッパーというかハードルがなくなって。だって子供がそうですものね。

私の孫なんか二～三歳で私のパソコンちゃっちゃっていじって、平気で遊んじゃうものね。ワードの画面出して字を大きくしてやったり、消し方教えてやったりすると、面白がって抵抗なく遊んじゃうものね。でも大人だと、こわしちゃったらどうしようなんてくだらないこと考えるのね、そんな簡単にこわれるわけないのにさ。まあ、タブレットを使おうとする場合、まず最初にローマ字入力しなきゃならないっていうハードルがあるけど、ローマ字の構成なんて普通に頭の働く人だったら、ちょっと勉強すればわかるじゃない。それすらできない人はそもそも頭が悪いのね。

子供時代もあんまり勉強にも意欲のなかったような人だから。

以前、某テレビに私が出た時に、どうしてお年寄りってインターネットとか利用しないんでしょうって言うから、「能がないんでしょう」って言ったら、多くの人は受けたし同意してくれたけど、批判する人もいるのよね。

でも、絶対基本的に頭が悪いとやる気が起こらないのよね、勉強でも何でも。基本的には基礎的な力があるかどうかがまず一つと、あとは勉強意欲とか知的好奇心とか、そういうものがある人かどうかで分かれちゃうのね、どうしても。

だから、子供だったら何の抵抗もなくやっちゃうんだから、軽度の認知症になったら、逆にけっこういいかもね。変に考えないほうがいいのよね。下に落としたりしても、そんな簡単にはこわれませんみたいな動画とか作ったほうがいいかもね。デイケアとかでパソコン教室とかやったほうが、昔バリバリ仕事してた人なんかが今度は人に教えてあげられたりして、いいんじゃない？そうすることで本人もよくなったりして。たとえどんなことであっても周りの役に立つってことだから。

「子供を自立させるまでが親の務め。
その後は自分の老後を考えて
準備する期間」

そもそも多くの人は、子供を自立させるまでが〝務め〟と思ってないものね。「育ててやった」みたいに恩着せがましく思っちゃってるものね。だからお返し当然みたいに思っちゃうわけね。

でも、そうじゃないよ、と。

子供が一人前になるまでは、どうしたって親に責任があるんですよ。そして、育て上げた後は、それまでの恩に報いるために面倒見ろよ、じゃなくて、あとは子供は子供の、親は親の人生をそれぞれ考えていく。

それが当たり前だと思うのよね。

そもそも、誰かのための人生なんてなくて、人生はすべてその人自身のためにあるんですから。

「本棚の蔵書の一部。色んな本を読むけど、
実用書が多いかしら」

「人に自分の世話をさせることは、
人の時間を奪うことです」

これはおもに、舅や姑が息子のお嫁さんに介護させたり、面倒をかけたりすることですよね。

だいたいが無料（タダ）ですしね。

そんなタダ働きで貴重な時間であり、その人が持っているであろう可能性を奪ってしまうなんて、本当にとんでもないことだと思うわけです。

これは相当に罪深いことですよ。

でも、奪ってる側はそんな罪の意識なんてこれっぽっちも持ち合わせてない。

そこがやんなっちゃうのよね。

ただ、体を弱くして、自分の世話をお嫁さんにしてもらわなきゃならないお年寄りって、実は自分自身がその上の人からこき使われて、そうなっちゃったっていう人が多かったりもするの。だから、気の毒ではあるのね、それは。

まあ、男の人はけっこうのんびりしてるんですけどね、そういう場合。自分の親のせいで奥さんを苦労させといて、自分は世話しないで結局、息子のお嫁さんにさせると。それで当たり前だと思ってるわけだから。

ほんと、このバカって思っちゃう。

ツイート・アラカルト〈1〉

「子供を含めて、人を当てにして、幸せな老後はなかなかないと思ったほうがいいと思う」

「古い考え、古い意識の人は当然のごとく自己中で、嫁は労働者に過ぎない。それもタダ働きの。相手次第でタダで働くことは辞さないが、ほんとに古い意識の人とつきあうのは、ばかばかしいです」

「変わることを恐れるのは自分たちが時代についていけないことを知っているんですよね。威張ってなどいられなくなることへの恐れ」

「私は日本の家族制度がきらいで、子供のころから疑問に思っていました。家長にだけ都合よくできている。統治する者にとり、国民の最小単位である家を支配する人を作っておけば支配しやすい。そしてそれに従わねばけしからぬ人間と刷り込まれてきた。
多くの人が刷り込みから解放されるべきなんですよね」
「今は年寄りが貴重な時代じゃないんですよね。有り余ってる。
昔はよかったなぞということはない。生かしておいてもらえるだ
けでもありがたい」
「親の言うことを聞いていて、これで自分が幸せになれるのだろ

うかと考えて、そう思えなかったら親元を離れる算段をするよう準備する。自分のことしか考えない親も多いのです」

「ああ、私は子供にたかってまで生きたくない。お金の負担は自分でする」

第二章

それが世の中の真理っていうものです

「そもそも、人のことはどうでもよいもの。自分のことを考えればよいのです。自分が見えない人が他人のことを四の五の言う」

とにかく、自分にとっては自分が一番大切なんだから、人はどうだっていいわけですよね、どう生きようが。

ところが、そうではなく、やたら人のことに口出ししてくる人って意外といるんですよね。そういう人って、実は自分自身のことがよくわかってないんじゃないかと思います。

何でもわかってるからこそ口出ししてるように見えるけど、逆に、わかってないゆえの迷いを、人にぶつけてるように感じられるわけです。

いい迷惑ですよね。

「今はセックスレスの夫婦が多いというが、要は体力と気持ちの在り方なのではないかと思う」

何でセックスレスなのかなぁって思います。

ツイッターに書いてくる人に言わせると、「仕事で忙しくて体がダルい。そんなどころじゃない」っていうのが多いのね。でも、亡くなった主人に言わせると、そんなことは関係ないと。

でも、今の人の大変さがわからないっていうのもあるんですけどね。我々の時代は収入もどんどん増えて勢いがあった。でもその代わり、朝早く行って夜遅く帰ってくるんですよね。仕事ばっかりじゃなくて夜はクラブ活動ですか、こっちのクラブ（笑）。接待とかね。今は何か、あんまり……だから、体力なくなったんじゃないって言ったりするんですよね、若い人は。

あと、ご主人の在り方によると思うのね。主人なんかはだいたい夜中でしたよね、帰ってくるの。だからといって、もう夜中だからどうのってセックスレスじゃなかったですよ。

主人は息子たちにも言ってたみたいですよ。どんなことがあってもそれはやんなきゃダメって。夫の務めって、ある意味。夫は奥さんとか子供を大切にして育てる。仲よくやっていくためにはそれは必要なことと。自分本位でしょ、「あー、疲れた。何もやんない」っていうのはね。

そして、主人は禿げなかったり太らなかったりっていう、そういう変わらないっていうことが、相手を愛することにつながっている気もします。ぶくぶく太っちゃって体力がなくなったら、自分が生きてるだけでハァハァでしょ？　できなくなりますよね、きっと。

「無知と吝《りん》（ケチ）が結び合ったら箸にも棒にもかからない」

無知って、ものを知らない、世間を知らないってことですよね。だから、果てしがないんですよね。どうしようもなさ加減が。でも、無知だけなら、周りの助けとかあれば割合どうとでもなるんですけど、これにケチが加わるとどうしようもないんですよ、誰も助けてくれないもの。家庭の中でも。

昔から〝無知の知〟っていう言葉がありますけど、無知な人に限って、自分が無知って思ってないのよ。それが問題ね。

「私は子供のころから色々感じて、こうはなりたくないということを強く感じて、そうならないように努力してきました。その結果が今の在り方になっています」

私は田舎で育ったんですよ。

どこのうちにもお年寄りがいて、次の世代の後継の息子がいて、その連れ合いがいて、この関係が凄く大変だった。お嫁さんの立場の人がね。

そういうの見てて、どうしてその人たちが大変なのかって。

親も無知だしケチだし、そして次の世代も教育を受けてない人たちだから嫌でもそこで生きていくしかないのよね。よそへ自分たちが出ていける力がないから。

嫌だったら出てけばいいじゃないですか、ごちゃごちゃケンカなんかしているよりも。

そういうことのできない状況っていうのを見てきたから、こうはなりたくないって思ったわけね。

今で言うと、他人に頼ることなく自立してなきゃダメだなって思ったの。

昔は法律や制度なんて知らなくてもよかったのね。ところが今はそんなことじゃ済ませられなくなっちゃった。だから、たしかに昔の人が学問なんてなくてもっていうのはわからなくもないのね。

でも、そんな環境で育っちゃった息子たちは不幸ですよね。世間知らずのままの祖父、その息子、孫になるとね。今でも田舎に行くとそういうこと言う人はいるみたいだけど、特に「女の子は」なんて。やっぱりそれやられちゃうと自立できる人間になれない可能性が高いわけですよね。

教育を受けないで、社会に出ることができないで、生まれ育った地域で親と同じような生活をするならことが足りても、時代が変わって世間が変わってるのに、そんな生活しかできないのは悲しいですね。

おかげさまで私は父も母も理解がありました。親戚の者が教育を受けている人が多かったから。そういうのを見ていて、父も母も力がある者は女でも、男と同じように大学とかに行っていいというふうに考えていたのね。

私の母方の祖父っていうのが日露戦争に参加した人なんですよね。で、二百三高地で生き残って帰ってきて勲章もらって、町の、今でいう教育委員やってた人だから教育にも熱心だった。その影響を受けて母も。

結局、本人がどういう考えを持つかは親とか祖父母からの影響ですよね、親戚とか。みんな無知な親戚縁者だったら教育なんてする気もない、そんなことしたらバカじゃないかとか言われちゃったりして。ムダだとか、嫁にやっちゃうのにお金かけて損だとか、それこそケチとつながっちゃうのね。

「男性は肩書がないと動けないのだとか。女性は何の肩書もなく生きるのに慣れているのですね」

女の人って、我々世代から上の人ってほとんどが家庭の主婦ですよね。それでもちろん何の肩書もないけど実権を持ってたわけね。

どこかのご主人などは「うちの無冠の帝王」だなんて言ってましたから。何の位とか地位とかなくても力を持ってるぞ、と。

男の人はそれがないんですねえ。

肩書というかそういった立場というものがないといけない存在。

一つには我々世代から上だと、男は稼がなきゃ意味がない、稼いで家族を養うのが当たり前というのがあったから。

つまり肩書がない、立場がないというのは、稼がないというのにもつながるわけね。稼いでないと価値がないというか。

サラリーマンだと最近、厚生年金だとかあるから、引退しても暮らしのほうは何とかなるわけね。

それでもそういう問題じゃない、昔の要素に拘ることって男の人にはありますよね。

女の人はいくつになろうとずっと同じだからね。

家の中の主婦というのは絶対に変わらない、そういうものなんです。

「世間知らずなのに自分の考えを押し付ける人はきらいです。世間知らずそのものは別に何とも思いません。私もそうですから」

そう、その人自身が世間知らずだっていいわけですよ、別に。でも、その人が他人に対してこうすべきだ、ああすべきだって指図するのはまちがっちゃってるわけ。

自分が世間知らずで幸せになろうが不幸せになろうが、それは自己責任だけど、人に影響力を行使しようなんてとんでもないですよね。

そういう人って、自分が生きてきたことに対しては自信があるわけね。でも、それはあくまであなただけの生き方であって、世の中にはもっとちがう生き方をしてきた人がいっぱいいるってことを知らないわけよ。だから自分勝手に、これでいいんだとか、ああでいいんだとか、俺はそうやって生きてきたんだからっていうことを平気で言っちゃうわけ。他の人の生き方を知らないもんだから。

特に田舎のほうだと、親の跡継いでのんきにボンボンと暮らせる人っていうのがいて、しかもそういう人が周りにいっぱいいたりするもんだから、自分のことをおかしいとも思わない。ちがう人に出会う機会すらないわけよ。

結局、人って自分とはちがう誰かに会うことで変わり、成長していくものだと思うんです。中には悪い影響を及ぼすような人もいるわけですけど、それにしたって、多くの出会いがあってこそ善悪を見極められるようになることで、回避していくことができるものだと思うし。

「賢い女は理屈など言わない。うまーく自分を生かすものです。ムダをしたくないから」

馬鹿に限って…あーだこーだ、ごちゃごちゃ言う人ほどダメなのよ。思ったことはすぐ口に出さないで、うまく根回しして自分のいいように進めるべき。それが賢い女なのよ。

まあ女だけでなく、男もそうだけど。あーだこーだ先に口走ってるようじゃダメなのよ。思ってることはとりあえず伏せておいたほうがいい。

特に、どうしても独身っていうのは幅が狭いと思うのよね。夫がいて、親がいて、夫の親がいたりする中でうまく生きるのと、一人で生きるのとではやっぱりちがってくるんですよね、どうしても。

うまく泳ぐのと、好き勝手言っちゃうのとではちがいがあるわけね。多くのこと、色々のことに触れることで人として、女としての幅を持っていくもの。一人のまま生きていく人間とは自ずとちがってくる。

それは男の人にもいえること。

より多くを経験することで、成長して学んでいく。そして自分のことよりも家族や周りのほうを大切に思うようになっていくのね。

うちの亡くなった主人も、「男は妻子を幸せにしてあげることが務め」と言っていたもの。

亡くなる二十年ほど前に胃がんの手術後の経過がよくなくて、自分は死ぬものと思ったらしく、息子を呼んで「お母さんを頼むよ」と、「でもお母さんを幸せにできたと思う」と言ったらしく、そのことを主人が死んでから息子から聞きました。独身のままいったら、そういうふうには絶対ならないでしょうね。うちの息子、主人の生き方を受け継いで、親（私）から見てもうらやましいくらい、いいお父さんしてますもの。

主人も舅も、女の人だからといって、何でもダンナに相談したり、あれこれ頼るようじゃダメだと、自分で判断して行動できるようでなきゃダメだと、そういう考え方だったのね。で、舅が私を息子の配偶者として探し、選んだわけなのね。

あの時代にそういう考え方の人だったからよかったわけよね。

舅はけっこうな地主だったのだけど、戦後の農地改革とかで全部なくなっちゃったのね。だから、ものなんてのはなくなっちゃうけど、問題は頭の中身だと。頭の中身だったら人にも取られないし、税金もかからない。そういう考えだった。だからそういう人（私）を息子の配偶者に選んだんだ、と。

「苦労は身のためになるとか、いつか報われると言う人がいるが、苦労の中身が問題なのです。苦労などしないほうがいい。自分の心身をこわしたりします。他人に向かって無責任に言う人がいますから気を付けましょう。そういう人に出会ったら言いましょう。そうですね、貴方からどうぞと」

昔も今も苦労しているお嫁さんているわけじゃないですか。労働とかね、介護とかね、自分の身を粉にして働いてカラダこわしたりしたら意味がないわけね。そんな苦労しなくてもいいわけよ。絶対に楽しい、豊かな生活のほうがいいわけよ。

世の中の上流の家庭はお金があるからちゃんと専門家を雇って、息子の嫁やなんかに介護させたりなんかしません。皇室だってそうよね。女官とか御付きの人がいっぱいいて全部やるわけよ。そういうの、庶民は知らないじゃない。だから、嫁いだ女の人が勝手に自分はそう（介護）しなきゃいけないんだって思っちゃうわけじゃないですか。それが当然だって。

ところが、今の義理の父母を世話しなきゃいけないっていう義務はないわけね。一緒に住んじゃうとまた別だけど。でも知らないから、育つ段階で周りからそうしなきゃいけないんだって仕込まれちゃうわけ。そうしなきゃいけないって思い込んじゃってるわけ。そういうことも幼いころからの気づきがあれば、防げるのよ。自分の時間は自分のために使いたいじゃない。自分の生活を豊かにとか、心を豊かにとか、そっちのほうにね。けっしてそんな年寄りの世話をすることが立派だとか何とか思わないわけよ。

たとえば今、私が介護が必要な身になったとしても、息子の嫁に世話させようとか全然思わないものね。世話してあげることはいいことだけど、犠牲っぽくなっちゃうのはちがうと思うの。

とにかく、大事なのは「感じる」こと。そうすれば次に「考える」わけだから。何も感じなかったら、考えないのよね。

結婚する時、相手の親も大事だから見ろといっても、それが難しいっていうんですよ。でもそれは、感じる力があれば見極められるわけですよ。難しいんじゃなくて、その人に感じる力がないだけ。

「あ、この人ダメ」とか「きらい」とか、「この人合わないとかね。「感じる力」というのは自分というものをしっかり持っていれば見出すことができる。

自分がしっかりしていれば、ダメな相手がわかるものなのに、「相手が猫かぶってたらわからない」とか。そもそも猫かぶるような人なんかダメだっていうの！

これから身内になろうっていうのに、猫かぶってたら話にならないじゃない。

結局、「自分」っていうものをしっかり持つことが何より大事。

借金癖だとか、ギャンブル好きだとか、女好きだとか、これはもう生まれつきだから治しようがないわけね。

中にはそういう人に引き寄せられてしまう私が悪いんでしょうか？　なんてたまにＤＭで相談されることがあるけど、それは単に〝自分〟がしっかりしてないだけなのよね。それ言っちゃうと身もふたもないわけだけど。

自分というものががっちりしてれば、自分に合う人が見つかるものなのよ。たとえ自分から探さなくても、相手が探してくれる、そういうものなんですよね。

「ものを学んでいない人には何事も難しく感じられるもの。あれも難しい、これも難しいという人、問題が難しいのではなく、自分には難しいのだと気づいてほしい」

たとえばね、税金の申告なんかする時、税法上の言葉がいっぱい出てきて、それが難しいっていう人がいますけど、それって学んでいる人からしてみれば当たり前のことなのね。

たとえば〝収入〟というのと〝所得〟は別なんですよね。収入というのはただ入ってくる金額であって、所得っていうのはそこから経費を引いたものをいうわけですよ。そのちがいすらわかんないような人が、何だか難しいとか言うんですけど、それは知らないから難しいんであって、知ってたら難しくなんかないのよね。

そういうふうに、何でも物事が難しいんだと思い込む人がけっこう多いんだけど、その前に自分が無知であることをちゃんと自覚して、一つ一つ知っていくことで、〝難しい〟ものはなくなるんだってことをわかってほしいわ。

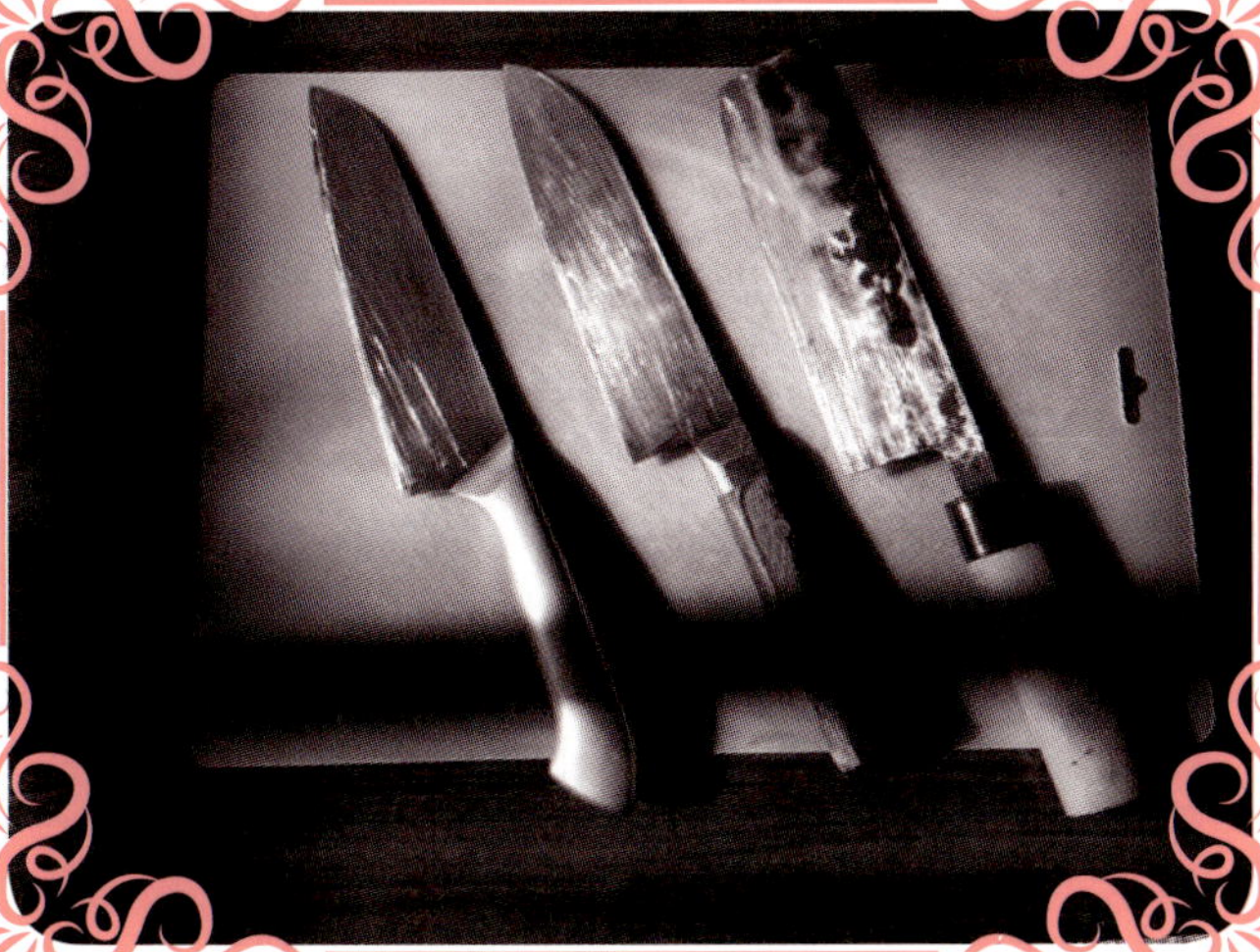

「愛用の包丁の写真を何気なくツイッターにアップしたんだけど、何人かの人から“ミゾイさん、ホラーみたいで怖いです”って（笑）。そんなつもりないのにねぇ？」

ツイート・アラカルト〈2〉

「話が通じ合わないというのは、夫婦を続けられない大きな要素だと思う」

「結婚こそ自己責任。親は選べないが、配偶者は選べる」

「家庭内で評価されない人が、社会で評価されることは少ない」

「今朝の番組で、男性ホルモンは高齢になるほど男性は少なくなり、女性は増えるのだと言っていた。この男性ホルモンは意欲につながるのだそうだ。高齢の男女のことを考えて、納得できた気がする」

「綺麗ごとを言う人、きらい。あなたはダメな人、と言いたいことを婉曲的に言って、私はちがうと言いたいように感ずる。あなたに何ができるの？　と聞きたくなる」

「子供を大切に育てれば、子供は親が年をとれば親を大事にします。
そして、大切に育てた子に親は介護離職などさせないものです」

「借金癖の男と結婚する人、借金癖の怖さを知らない。金額の問題ではなく心構えの問題。その場しのぎの心構えなのです。人生設計などできません」

「子供は自分の鏡、と思えば言うことなし」

「無知な人は当てにはできない。人の良し悪しは関係がない。自分が無知だと人の無知はわからない」

「料理の好きな人は、デパートなどの家庭用品売り場に足を運ぶことが多い。そして調理用具に関心を持つ。便利なものがあれば買う。買えばそれを使う。簡単に料理ができれば、楽しい。ますます料理が苦にならなくなる。きらいな人はこの反対。おまけに年をとれば体も大儀、ますます料理が苦になる」

「大方の人が生まれ育った地域で成長し、命を閉じた時代と、現在のように世界中に人が出かけて仕事をしている今とは物事比較にならない。だが今でも地域によっては狭い地域のみで終わる人もいて、意識も昔のまま。そんな人と関わるのは意味がない。そういう人もいるのだということを心しておこう」

「高校まで親元で過ごし、進学で都会に出た息子にとっては、親の住む土地は故郷。だが配偶者にとっては夫が生まれ育ったところ、孫にとっては父親が生まれ育ち、祖父母が住んでいる土地以上でも以下でもない。これがわかることが大切」

「夫に大切にされない人、夫に惚れられてないのです」

第三章

日々思うこと、感じること。

「私は義憤が強いです」

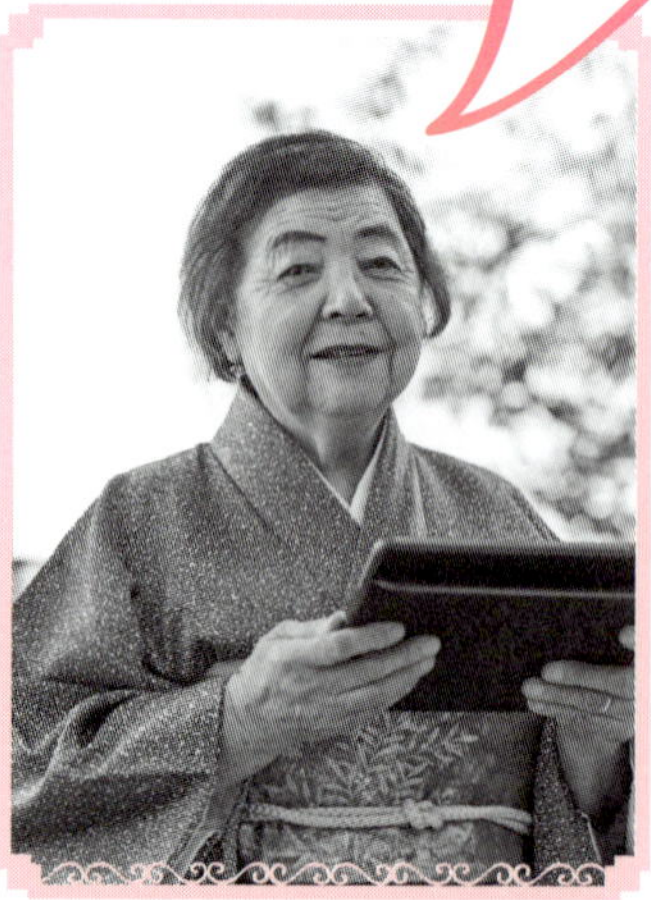

日々の出来事に怒っているというよりも、女の人が苦労させられているこれまでの状況とかに対して怒ってるのよね、どっちかっていうと。世界の情勢とか、私が義憤を感じなくても、他に感じてくれる人がいっぱいいるわけだから。

ところが、家庭内のそういう問題になっちゃうと、些細なつまらないことみたいにして片付けられちゃうわけよね。

ツイッターなんかでも、お嫁さんの立場についてあれこれ言ってると、男の人なんか「くだらない」とか言って口出ししてくる人がいるのよね。でも、それはけっしてくだらなくなんかなくて、私はつらい思いを〝させている〟人に義憤を感じるわけね。

せめて、いろんな鬱憤をツイッターで吐き出せばいいと思うのよね。たとえ解決はしなくても、それだけで気は晴れると思うのよね。自分だけじゃなく相手が問題なんだから、解決できないってことはわかってるんだしね。

一人が言ってくれれば、「私もそうなんです」「ああ、あなたもそうなの」っていうふうに、共感のやりとりができて、それだけでも気が晴れるっていうことがあるんです。

多くは問題が解決しないことじゃなくて、何も言えないってところが大変なわけですよね。

閉鎖的な田舎とかでね。お年寄りと一緒に住んでて、そんなの当然だみたいに言われて、こき使われて。不満が言えない状態が大変なわけだから、言えるだけでもずいぶんちがうわけね。だからそういう場として使えばいいわよって、私は言ってるわけよね。

ところが、まるで大所高所から口出してくるみたいなところが男の人にはあるわよね。くだらないみたいなね。くだらなかろうとそれが現実で、そういうことが溜まってるんであれば、ガス抜きすればばっていう、それが私の考えなわけ。

「気分と元気、かなり関係がある。お箸一つ、お茶碗一つでも変えてみると、気分が変わる。無駄と思えばそれまで。趣味と思えばまたちがう。平凡な暮らしの中、少しの変化が元気を誘う。趣味なんて、稽古事ばかりではないのです」

変な姑やなんかに、好きでやってることを指されてそんなの何になるの、と言われると嫌になっちゃう。まあ昔はそんなに長生きしなかったっていうのがあるんですけどね。趣味なんてなくてもすぐ死んじゃうから、まあいいかっていうね。でも、今や九十歳、百歳っていうのが当たり前になってきてるから、その長い人生を考えると、趣味といえどもおろそかにはできない。

そして、ちょっと見どんなにしょうもないことに見えても、それが後々何になるかなんて誰にもわかりはしないのです。

たとえば舅や姑やなんかと一緒に住んでいて、その世話をしながら、私がパソコン買ったりなんだりしてたら、たぶん姑や舅が、それが一体何になるのとか言ったと思うの。でもそれが大きらいなの。何になるかなんて、その先わからないじゃない。私なんかそういうのをまったくフリーダムにやってきたから、ツイッターやってたら世間に関心持たれて、雑誌やテレビの取材を受けたり、おまけに本ができたりするわけね。ふつうにお年寄りの世話とかしてたら本なんかできなかったと思うの。

だから、私は自分のために自分の時間を使ってきてよかったと思ってるのね。だから、息子にしろ誰にしろ、そうしなさいよと思うわけ。人をこき使って自由な時間を奪うなんて言語道断だと。
どんな才能の芽を摘んじゃうかわかんないわけだから。

「私の孫は小学生です。だから私のことをそんなに記憶に留めないと思いますが、後々父方祖母はかなり高齢になっても一人で暮らしていたことくらいは記憶に残るであろう。それだけでよいのです。私の生き方を知ってくれれば」

本当にそう思うんですよ。

私自身、一人で暮らすことが当たり前だと思っているのは、両親がそうしていたから。

で、この孫にしたら、一緒には住んでないわけですけど、おばあちゃんが一人で暮らしてたっていうのが頭にあれば、自分だってそうなるべきものっていうふうに自然と考えるようになると思うんですよ。大きくなっても子供や、人の世話にならないようにしようってね。

昨今、老人の一人暮らしっていうと、なんだか孤独だとか侘しいだとか、どうしても暗くてネガティブなイメージでしか見られないけど、これって本当にとんでもない話で、ちゃんと一人暮らしをしていくためには、そのための能力が絶対必要になってくるわけですよ。

たとえば、自分一人で暮らしてるってことは、税金の申告一つとっても、自分で役所に対してするわけですよ。それから相続をする時には、こちらから司法書士に相続手続きを頼んでしてもらうとかね。

とにかく、今って何をするにも自分で動かなくちゃできないじゃないですか。

昔は相続だって、不動産なんか昔の人の名義のまんまでほったらかしてあっても通用しちゃうようなところがあったし、ほとんどの家庭が相続税なんて払う状況じゃなかったんですよね。でも、今はほんのちょっとの金額であろうと相続税を払わなきゃいけなくなってるから、そのためには相続手続きをきっちりしなきゃいけない。代々ほっとくわけにはいかないような、社会全体がそういうふうになっちゃってるわけですよね。だから今の時代、そんなふうにものを知らないと生きちゃいけないわけですよ、一人では。

だから、こういう時はこういうところへ頼めばいいとか、ああいうところへ頼めばいいっていうことを知ってれば、自分で頼んでできます。でも、それすら知らないと、どうしていいかわかんないっていうことになるわけですよ。

そういう意味での能力、つまり知識とかそういうものがなきゃ、一人じゃ暮らせないんですよ、すぐ人を当てにしちゃうことになって。

そのためにも、インターネットほど役に立つものはないと思うわけです。何でも検索して調べられるわけですからね。

「他人の不倫などを騒ぎたてないことは、それを容認していることではない。人のことなど関わる気がないだけ」

どうぞご自由に。

そんなに不倫したいのか？　他人がとやかく言う話でもないんじゃない？

最近は結婚二〜三年で不倫するような女性が多いけど、そういう人は、まだ自分に可能性があると思ってるんじゃないの？　もっといい男に乗り換えられるかも、とか。

いや、わかりませんけどね。

私は亡くなった夫との結婚生活は長かったですが、やっぱり、イケメンだなあとは思ってましたよ。だって、けっこうな歳まで頭全然禿げないし、白髪になんないのよね。スタイルもキープしてるのよね。私のほうはぶくぶく太っちゃったけど。

だから、意識はしなかったけど、たぶんそういうのはあったんだろうなって。他の人を見て、いい男ってあんまり思えなかったっていうか。ウチの主人、お酒飲まないし、脂ぎるとかそういうのがなかったのね。わりと出会ったころのままというか。

男もやっぱりイケメンなほうが、女の人は不倫しない、のかな？そこそこイケメンで、家族を大切にしてたら、女のひとが不倫するとは思わないけど。夫はなにしろ、やりたいことやらせてくれたしね。

主人が亡くなって、何が一番大きかったかというと、お金が自由に使えることね。もちろん、主人が存命中から全部私が預かっていたけどね。主人が持ってるのは明細書だけで、お金自体は全部私が持ってたから、自由に使えるんだけど、やっぱり何か買えば「ああ、また買ったのか」って、言われるのが嫌なのよね。

ところが、今は言う人がいないから、やりたい放題。

「長男が転勤で遠くに行き、その地で所帯を持った時、私が九十歳まで自力で暮らせれば、息子も六十歳過ぎて時間もできるのではと考えた。だが私も考えなおさねば…いや案外もっと生きてしまうかも…」

長男は仙台に転勤してて、次男は養子にいってるんですけど、自分が年とった時にどうなるんだろうなと思った時に、ああそうか、でも、ずっと向こうに行ったままになっていても、私が長生きすれば、いずれ私の後の処分はしてもらえるかなと思ったのね。時間もできるでしょうし。まあそのころは息子が六十ぐらいで定年で辞めるだろうと、そういう頭だったわけ。

ところが今考えてみると、一生働かなきゃ男の人もやっていけないだろうって。六十五から七十ぐらいまで働くことになるんだろうなって、そういうことなわけね。

そうすると、息子のことは当てにはできないなと。結局は一人で死ぬと。だから本当に一人で生きていくしかないと。

「いざという時の防災グッズ。私のような
一人暮らしの高齢者には必需品ですね」

「私には息子が二人いる。その配偶者に望むことは、息子をよろしくということだけ。最後まで連れ添ってやってください、という想いだけです」

私は、その時が来るまで自分のことは自分でやりますから、お嫁さんに世話をしてほしいだなんて絶対に思いません。

ええ、それはもう絶対に。

でもほら、今って女のほうが男よりも平均寿命が長いとはいえ、時には奥さんのほうが夫より先に死んじゃうこともあるでしょ？

そうなったら残された男のほうは、てきめんガクッときちゃって

そりゃあ悲惨なわけですよ。

だから、息子がそんなことにならないように、お嫁さんには長生きしてもらって、ちゃんと最期を看取ってやってくださいねっ

て望むわけです。

でもあれねぇ、女の人ってそうじゃないの。

夫が死ぬと楽になるのよ。

やれやれ、やっと死んでくれた、じゃないけど、もちろん悲しい、寂しいっていう気持ちはあるにしろ、同時にどこかで解放される部分があるというか。

だって元気でピンピンっていうのならまだしも、主人が生きて て、そこで寝たきりでいられたりした日には、今みたいにお友達とかたくさん呼んで、ごはん食べながらみんなでワイワイ騒いで

楽しんだりなんて絶対できないじゃない？

「女性は神経が図太い面がある。だから子育てできるということがある。子供の泣き声が嫌であったら子育てできず殺してしまうかもしれない。子供の泣き声がうるさいと、泣かすな、と言うそこのあなた、お母さんがそういう人でなかったから、今生きていられるのです。女性が図太い神経を持っているからこそ子育てできるのです。そういう女性を、神経が細やかでないと批判するそこのあなた、女性が神経細やか過ぎたら、皆育児ノイローゼになりかねないのです」

私が子供の頃、戦争中だったけど、母でもってるわけですよ、家庭なんか。

ものなんてないけど、それでもなんとか一年間、食べられるように工夫してやってるわけね。男は不満ばっかり言ってるけどね。母親は子供に食べさせなきゃ、って一生懸命なわけ。ほんと、無冠の帝王よね。

でも、そういうのを見て育ったから、自分もこうなろう、たくましい母親になろうと思うわけだけど、男尊女卑の中で育った女の人っていうのは、何事においても命令されるがままで、自分からこうしよう、ああしようとは思えなかったんでしょうね、たぶん。

中には「お産は苦しいからこそ愛情が湧くんだ」っていう男の人がいるけど、そんなことないよ、と。できることなら卵で産みたいくらいよね。これ、秋吉久美子さんのセリフだったかしら。

「長年愛用している大鍋。私の相棒みたいなものね」

「政党政治は本当に嫁姑問題に似てますよね。一番如何ともしがたい分野かも」

政党政治というよりも、政治そのものね。

政治家を見てると、結局感情問題がけっこう強いですね、あいつ嫌だとかきらいだとか。なに、派閥なんか作るのも結局、気の合う連中が集まってどうのこうのでしょ。それって感情の問題とか考え方とか、そっちなのね。

舅とか姑の問題なんかも結局感情の問題みたいなもんだから。

だからこそ如何ともしがたい…理屈じゃないのよね。

小池百合子さんと希望の党なんかも当初は政界をガラガラガラと掻き回した感じがしたけど、今しぼんじゃった？　あれも「排除」っていう言葉一つが発せられたことで、要は〝気分〟が大きく変わっちゃったってことだものね。

あと、政治のことでいえば「このハゲ――！」で世間を騒がせた某女性議員。

私、埼玉県民だけど、あの騒ぎが起こるまで、彼女が埼玉県選出の議員だってこと全然知らなかったのね。あの一言はたしかにインパクト強過ぎたけど、それにしても、男性秘書の方、事件にしちゃうのはちょっと嫌な感じがしちゃうのね。男が女に暴力ふるわれたなんて…ピンとこないもの。その場で「何するんですか！」って抗わないで、被害届出して事件にしちゃうなんて…なんか、ね。

ある意味、彼女も変な人につかまっちゃった気がするわ。だって、ふつう、男の代議士だってそれくらいのこと言ってるでしょ、怒鳴ったりって。

「親のおかげでホップ、ステップできて、夫のおかげでジャンプできるんです」

親のおかげでそこそこのところまでいっても、夫がダメな人だったら、どうしようもないですよね。今まで一生懸命がんばってやってきたことがご破算になっちゃうみたいなことにもなりかねない。

あと、親よりはダンナのお金のほうが使えるわけよね。

ウチの主人は学生のころと、卒業してからと、けっこう遊びほうけてたみたいなのよね。だからもうそういうものにはいい加減飽きちゃって、さあ真面目にやっていこうってところで私と結婚してるのね。それでその時の主人の結婚相手に対する考え方に、私がぴったりだったのね。

あんまり浮かれた人とか、すぐに人を頼るような女では、自分は真面目に生まれ変われないと。だから、私と結婚したことで夫も成長したんだろうと、私は思ってるのね。

あんまりヘナヘナした女の人が奥さんだったら、しっかりした男にはなれないだろうと。だからけっこう私のやりたいようにやらせてくれたし、認めてくれてたんじゃないかって思ったりするのね。

遊び足りない人が中年になっても変にグレちゃったりするん

じゃないかしら。

「〝無理しないダイエット〟というけど、間食はダメという時点でもうだめ、無理！」

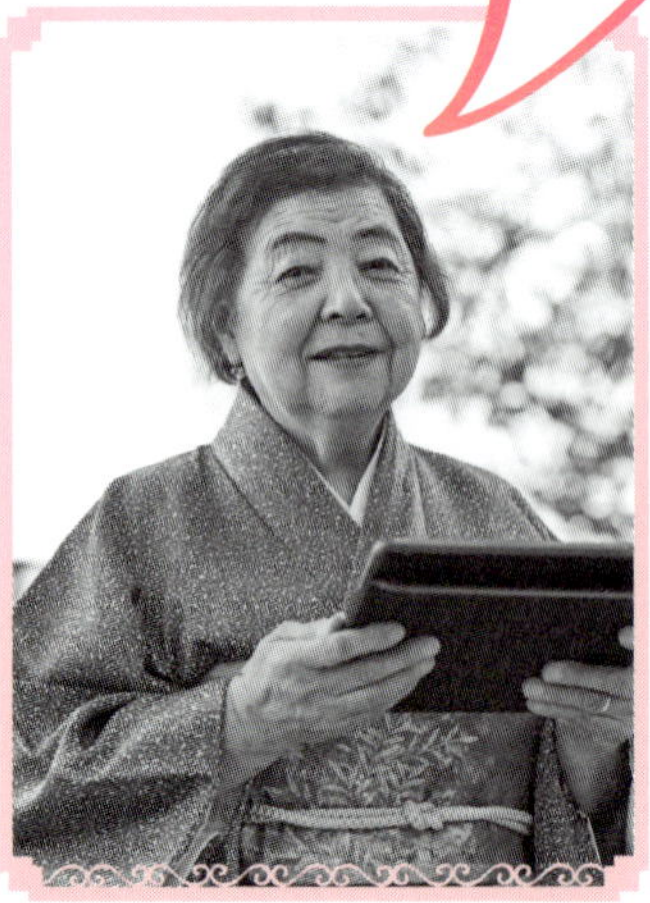

三度、三度の食事はちゃんと摂って、間食はしないって書いてあると、その瞬間に、

「もうだめだ！」

って。私、甘いものが大好きだから。ごはんはそんなに食べなくていいけど、甘いものがないとダメなほうだから。それも、洋菓子よりも和菓子。

「今から三十数年前、サマージャンボで三百万円当てたことがある。その少し前に野良猫が迷い込んできて、私の家のベランダに住み着いた。もうとうにいなくなったのだが、あれは招き猫だったのかもなどと思ったりする、勝手に。また迷い猫が来ないかなぞと思う」

最初に来たのは三毛猫でした。特別人懐っこいということもなかったけど、まあ逃げませんでしたね。

それよりも、この猫、とても子育てが上手だったんですよ。というのは、そのあとすぐにもう一匹、ペルシャ猫も迷い込んできたんですけど、この両方ともが牝猫で、それぞれが子供を産むわけですよ。ところが、このペルシャ猫のほうは子育てが全然できない。で、ブサイクな（笑）三毛猫のほうが、自分の子とペルシャの子とを一手に育てたんですよ。

もちろん、それぞれの夫猫なんて、どこの誰かもわかんないわけですけど、不思議なもので、産まれた子猫の中でも、男の子たちはどんどん追い払っていっちゃって、いつも女の子ばかりが残るんです。

そして、その女の子たちがまた子供を産み、母猫たちもまた産んで……っていうふうに、多い時は一度に八匹くらいがこのベランダで暮らしてたことがありますよ。ずらっと寝そべってってね。ある意味、私が三百万円当てたよりも、この猫たちのほうがもっと栄えたと言ってもいいかもね。

でも私、動物を家の中に入れたり、抱っこしてどうのっていうのはあまり好きじゃないので、エサをあげたり、寒くないように寝床として段ボールや布を用意してあげたりっていうことはしてましたけど、一線を引いたつきあいでしたね。

結局、最初の三毛がやってきてから、一匹もいなくなるまで、足掛け三〜四年といったところでしょうか。猫は死にざまを人には見せないっていいますけど、うちの場合も、いつの間にかいなくなってましたね。

あ、そうそう。最近また、一匹ちょろちょろと茶色い猫が顔

を出すようになったんですよ！　ひょっとして招き猫かなって、
ちょっと期待しちゃってるの。

「右端のふてぶてしい面構えなのが、子育て上手の三毛猫ね。確かもう一方のお母さん猫のペルシャも一緒に、八匹が勢ぞろいした写真もあったと思うんだけど、どこにしまっちゃったかしら」

「私が一人で死んでいても、孤独死ではけっしてありません。宣言しておきます。大往生と言ってほしいくらいです」

孤独死って言い方、やっぱり変ですよね。だって、たとえ家族で暮らしてるとしても、奥さんが買い物に行ってる間にダンナがぱたっと倒れて死ぬってこともあるわけでしょ。夫が死んだ時もたまたま私が家にいたからいいけど、もしいなかったら、一人で孤独死だったわけですよ。

なんだか孤独死っていう言葉が独り歩きしてる気がするわね。やたら悲しいように語るけど、大事なのはそれまでの人生であって、それが充実していれば、死に方がどうのこうの言う必要もないと思うわけ。逆に死ぬ時くらい一人にしてよって思うくらい。

ツイート・アラカルト〈3〉

「七夕といえば、子供のころは、サトイモの葉の上に溜まっている水玉を集め、その水で墨をすり、短冊に天の川とか、織姫とか、彦星とか、七夕様とか書いて竹の枝に結わえました。そのほか折り紙で鶴やその他のものを折り、竹の枝に吊るしました」

「息子が大学生の時、親に全然反抗しなかったのはどうして？」と聞いたことがある。息子の答えは、議論したとしても、語彙の多さではお母さんに勝てない、言い負かされるのは明らかで、しかもお母さんは勝たなければ気の済まない人だから、という。はー、確かに…と思った」

「バカはバカを呼ぶというつぶやきを目にした。なるほど。類は友を呼ぶよりも一歩踏み込んだもののように思われた」

「お母さんは、まあまあ幸せな人生だったと思ってるのよ、と息子に言った。そうなんじゃない、恵まれてると思うよ、超ではないがそれなりに、と言われた。やはりそうか」

第四章

一問一答

問い1

溝井さんが憧れる女性像みたいなものってあったんですか？

答え／そうね、たとえばキュリー夫人なんて、自分の道がしっかりあってやってるわけじゃないですか。そういうのが憧れですよね。で、ちょうど中学生の時、湯川博士がノーベル賞とったわけ。それ、すごい刺激になってるわけね。色々、偉人伝とかでそういうの読んでるから。だいたい大学の同級生とか、みんなキュリー夫人とか憧れですよ。

それと、昭和天皇が生物学者だったのね。そういうのも凄く影響あるわけですよ。ああ、そういうのをやりたいなあってなるわけね。

で、ゆくゆくは研究者みたいのを頭に浮かべてましたけど、結局何にもならなかったっていう。でも、そういうのになろうとか、思ったってことが重要なことなのね。思ったからこそ、何かこう自分の道を歩んできたっていうね。そもそも八十過ぎて本が出るなんて思いもよらなかったですもんね。

だから、舅や姑のお世話や手伝いみたいのだけしてたら、老後はこうはならなかっただろうって思うのね。そしたら、年とったら息子に世話になるつもりになってたかもしれないし。で、結局自分がどう生きたかで、他の人に対しても、生き方を認めることができるわけね。当然、自分が人の世話をした人は、自分も人の世話になるんだって、そういうことになるわけですから。

問い2

「女子会」の話題を教えてください。

答え／美容師さんとか、マッサージする人とか、アロマの処方をやる人とか、グループができてて、お年寄りを集めてね、そういう人たちにお化粧してあげたり、マッサージしてあげたりするボランティア活動をやっている団体があって、二ヶ月に一遍ずつやるんですね、福祉センターとか老人が集まるところで。

それが終わった後、私だいたいここでお食事することにしてるの。髪とか全部やってもらうから、そのお返しみたいな形で。たとえば、病気みたいなものもエステ的なことで少し気分をよくするとか、そういう目的なんですね。

話題はもろもろですね。当日来た人、施術とか色々やってもらって、やりとりしたことが多いですね。

女子会はだいたい四十代~とかの人が多いです。私、思うんですけど、この歳になったら、同世代の人とかダメね。来られないの、ここへ（笑）。車の運転も危なくなってるし、自転車も危うくなってるし。どうしても歩いていける範囲になっちゃうわけですよ。そうするとね、若いお友達つくらないと、来てもらうためにはね。

おしゃべりだけでごちそうなのね、女の人って。それだけで満足できるのね。ま、あと、ほんのちょっと食べるものがあればね。

私、お茶のお稽古も三十五～三十六年やってますけど、お稽古より、おしゃべりが半分です。それが一番実になるのね、元気の素になって。情報も色々入ってくるし。

みんな、八十とか近くなると、膝が痛くて座れないとかね、あちこちどっか悪いわけ。で、誰々さんはどこも悪くないでしょって言ったら、頭が悪いって言う人がいたりするから面白いのよね。

みんな、大笑いですよ。そういうユーモアっていうの、大事よね。

本当にね、私も若いころ、お茶のお稽古だったら年とっていくつになってもできるなって思ってたけど、意外とね、腰が痛いとかね、膝が悪いとか足首がどうのとか、正座できなくなるのね。それで椅子とか座椅子に腰掛けてやるようにもなってるのね。

特にテーマがなくて、雑談であれこれしゃべるっていうのは、あらゆる範囲の話が出てくるのね。それが意外といいのよね。いわゆるよもやま話、それが楽しいのね。

問い3

アカウントの@kikutomatuの由来について教えてください。

答え／私の住んでる東松山市の木が松なんですね。で、花が牡丹。だから最初は「松と牡丹」にしようかと思ったんだけど、でもそうするとほんと、市の木と花をまんまとっちゃった感じだから申し訳ないかなと。それで、自分の名前でもあるし花の名前でもある「キク」と、市の木の「マツ」にしたんですよ。

旦那さんの名前が「マツオさん」だからと思ってる人も多いみ

たいだけど、ちがうのね。

あと、中には話を「聞く」というキクと、人を「待つ」のマツからとったのじゃないかという人もいたわね。適当に並べたのを「男と女の対になってる」って人形焼きの写真を見て思った人もいたけど、自分で意図したのじゃないところで、読んでいる人が独自に解釈してくれることってけっこうあるものね。ああ、そういう見方もあるのねって逆に教えられちゃうことがあるのも面白いわね。ほんと、多くの人とやりとりするのって面白いわ。

問い4
少女時代はどういう本を読まれましたか？

答え／私が小学校の五年のころ敗戦で、そのころは本とか出てないわけね。で、中学生くらいになってやっと本が出てくる。そういう少女小説とか少年小説とかいったものを誰かが買ってくると、みんなで回し読みするのね。一人で全部は買えないわけ。よく読んだのは中山なんとかとか…忘れちゃいましたけど、少女小説とかはよく読みましたよ。それから雨の日とかは体育ができないから、先生が本を読んでくれるとかそういうのはありましたね。でも、それが意外と役立つのね。先生に読んでもらったものが頭にあって、読書というものに関心を持つとかあるから。あの、私、高校に入った時なんかも校長先生がよく、週に一回くらいかな、一つの学年を講堂に集めて本を読んでくれたりしたんですよね。今じゃ珍しいでしょうけどね。ちょうど国語の先生だったから、よく文学作品を読んでくれたんですよね、上手に。そういうのが頭に入ってて、けっこう役に立ちますよね。

あと、私たちが高校生のころは、全校生徒を映画館に連れていってくれて映画鑑賞をしたんですよ。今でも覚えてるのは『赤い靴』とか、『石の花』っていう旧ソ連の映画とか、初めての総天然色作品だったかしら。映画って個人で行くのはご法度だったけど、学校では連れてってくれたのよね。

私たちが高校生になったのは昭和二十五年ですから、やっとそういう映画だとか何とかを見る機運になったのね。それまでは食べるのがやっとだったものが、そのころは食料事情もよくなってきたし、やっと文学誌を見るとか、映画を見るとか、世の中全体にそういう余裕が出てきたのね。そういう気がしますね。だから、高校生になるまで、パンというものを食べたことがなかったんですけど、そこでようやくお店で売るようになって食べるようになったの。だからクラブ活動の後とか、よく誰かに頼んで買いにいってもらってそれを食べたわ。

問い5
映画もお好きだったそうで？

答え／ええ、若いころは好きだったわ。大学生になったら、ほんと、当時は洋画専門でしたけどね。
あの、たとえばアラン・ドロンの『太陽がいっぱい』だとか、ジェームス・ディーンの『エデンの東』だとかね、オードリー・ヘップバーンの『ローマの休日』だとか。それと『シェーン』のアラン・ラッドとか好きでしたけど。

お気に入りの俳優はマーロン・ブランドね。あとエリザベス・テイラーとかよく見ましたね、『若草物語』だとか、『雨の朝巴里に死す』とか見たかなあ。

私が若いころって、イングリッド・バーグマンだとか、デボラ・カーだとかね、ああいう人たちがよく活躍してた時代ですね。イングリッド・バーグマンはジャンヌ・ダルクの役やってるのとかもよかったですよね。独立心の強そうな感じがよかったのかしら。

問い6

たくさんのタブレットをお持ちですが、どう使い分けていますか？

答え／それ、よく質問されるけど、私はそのたびに「子供がオモチャを使い分けられますか？」って逆に聞くの。オモチャなんて洋服と同じでね、一つあればいいってものじゃないわけ。明日はこれ着ようっていうのと同じで、今日はこれ使おう、明日はこれ、っていうだけの話なんだけど、それだけ言っちゃうと身もふたもないわけで、テレビなんかだともっと別の言い方してくださいっていうから、「これはツイッター用、これは画面が大きいから映画やなんかを見るのにいいからと、これは小さいからバッグに入れて持ち運ぶのにいいですよ」とか、一応言うのよね。

でも実は、後から後から性能のいいのが出るから買っちゃうだけの話なのよね（笑）。

問い7
小さいころはどんな子供でしたか？

答え／母に言わせれば、私は〝おもしろい子〟だったんだって。だからいわゆる〝ふつう〟じゃなかったのね、きっと。あなたと一緒にいれて楽しい人生だったって、母は言うのね。本当は当時は面白くない、お行儀がよくて聞き分けがいい子こそがスタンダードだったはずなんだけど。私はそういうのとはちがって、けっこう自分の意志を通してきたから。こうなりたい、こうはなりたくないっていうね。その考えに反することに対しては、はいはい言わないわけね。ある意味、親は私のことを信用していてくれたわけね。どんなふうにやろうとも、まちがった方向には行かないという思いがあったんでしょうね。それは親自身がしっかりしていたからこそ、そんな自分の娘に対しても自信があったのでしょうね。

自分がしっかりしていない親ほど、子供に対して口うるさく言うんじゃないかしら。

問い8

これだけたくさんのフォロワーがいて知名度が上がると、いいことばかりでもないと思いますが。

答え／そうですね、私が色んなことについて、ちょっと進歩的なことをつぶやくと、よく他の人は「それは溝井さんが大学へ行ったから、そういう考え方になったんですよね」って言うけど、それはちがうのね。逆なの。そういう考え方だから大学へ行ったのよ。こういう考え方だから学ぼうと思うのよ。学校へ行こうと思うのよ。行く気のない人は勉強もきらいだし、物事への関心も乏しいわけよね。おまけに親とかお年寄りとか、女の子に対して、学校とか行っても何の役にも立たないとか言ったりしてね。どうせ嫁にやっちゃうんだから、お金かけても損だみたいなね。それを真に受けて、娘のほうも家事ができればいいみたいに思っちゃうわけだけど、それも人によって差があるわけよね。

その他にもなんだかんだバッシングしてくる人もいるけど、そんなの平気。確固とした自分を持ってるっていうかね、私も八十何年生きてきて、これだよというふうに思ってるから。でもあんまり相手にバシッと言っちゃうと、向こうもあんまり気分はよくないんだろうなと思うから、ある程度は抑えてますけどね。いくら相手が何やかや言ってきても、それではないよと思ってるわけよ。やっぱり能力だよって思ってるのよ。あんまり大きい声では言えないけど。

おわりに

如何だったでしょうか。

私の普段のツイートだけからでは窺い知れない、微妙なニュアンスの意味や、意外な面白みのようなものをお楽しみいただけたのであればいいなあ、と願う次第です。

さて「はじめに」で、今の年寄りたちに対する〝義憤〟について書かせていただきましたが、それはとりもなおさず、二十代、三十代の若い人たちに対する〝エール〟であり〝忠告〟でもあります。

日本という国は昔から、家父長制を中心に古いしきたりや因習にとらわれる格好で、人々の暮らしが営まれてきました。そしてそれは二十一世紀の今もまだ、そこここに根強くはびこり、嫁は嫁いだ先の義父母のお世話をせねばならぬもの、といったような義務感にがんじがらめに縛られた人が驚くほどたくさんいるようです。

でもそれ、違いますからね。

そんな義務などどこにも存在しません。

もちろん、愛情をもって心からお世話してあげたいと自発的に行う分には、それはそれですばらしいことですが、「世話しろ」とか「介護しろ」とか、強制される筋合いのものでは絶対にないのです。そうでもしないと誰も面倒を見てくれる人がいない、という時点で、私に言わせれば自業自得であり、まともに相手にすることはありません。

これから結婚しようという若い皆さん、〝感じる力〟を磨いて、そういったろくでもない年寄りに行き当たらないよう、くれぐれ

も注意してください。好きでもない相手の世話をさせられること
ほど、この世で無駄なことはありません。
『誰だって自分を一番大事に思ってよいのです』
これは私のツイートの一つですが、心からそう感じます。
思えば、日本はこれまで「家のため、家長のため」という旧態
依然たる呪縛にとらわれ続け、個がないがしろにされる国の道を
歩んできたわけですが、そんな負の連鎖もいい加減断ち切られる
べきではないでしょうか。

この本が、その一助になればと願うものです。

平成三十年一月吉日　溝井喜久子

装幀＆本文デザイン／前之浜ゆうき

撮影／豊田朋子

ヘアメイク／眞子桂子（KAMI 結）

編集／赤坂竜也（ユサブル）

編集協力／小西遼子

キクコさんのつぶやき
83歳の私がツイッターで伝えたいこと

2018年3月2日初版第一刷発行

著者　溝井喜久子

発行人　松本卓也

発行所　株式会社ユサブル

〒103-0014

東京都中央区日本橋蛎殻町2-13-5

美濃友ビル3F

電話：03（3527）3669

ユサブルホームページ：http://yusabul.com/

印刷所　株式会社シナノパブリッシングプレス

無断転載・複製を禁じます。

©Kikuko Mizoi 2018 Printed in Japan

ISBN978-4-909249-05-0

定価はカバーに表示してあります。

落丁・乱丁本はお手数ですが小社までお問合せください。